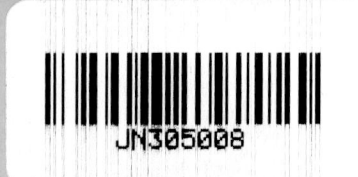

ミャオ族の
刺繍と
デザイン

苗族刺繍博物館

はじめに

みなさんは、苗(ミャオ、ＭＩＡＯ)族と呼ばれる人々をご存じでしょうか。

彼らは中国大陸の南西部、貴州省(中国でも最貧省といわれる地域)にその約半数が定住する少数民族で[※1]、今からほんの数十年前まで、つつましい自給自足の暮らしを続けてきた人々です。山々に閉ざされた厳しい土地で、日々の糧を得る生活。食べ物だけでなく、生活必需品のすべてを自分たちの手で作りだしてきました。なかでもミャオ族を特徴づけるもののひとつが、女性たちの手仕事(刺繍・染め・織)です。

ミャオ族の女性たちの手から生み出されたそれらのものには、我が子の無事や大切な人を思う深い祈り、愛が込められています。名もなき女性たちが、ひとつひとつ積み上げてこの世に残す宝物。

この本は、1996年から北京・上海・貴州で蒐集してきたミャオ族の古布、とくに刺繍を中心にご紹介するものです。苗族刺繍博物館の1,000点を超すコレクションの中から、ミャオ刺繍の多彩なデザインや技巧を楽しんでいただくことを目的に選びました。一部、侗(トン、ＤＯＮＧ)族[※2]のものも含んでいます。

はじめに、私たち夫婦とミャオ族との出会いを書いてみたいと思います。

子どものころから少数民族の手工芸に興味を持っていた佐藤雅彦は、今から20年程前、「ミャオ族は刺繍の名手」という言葉に誘われ、ふらっと貴州省・台江(タイジャン)の街へ旅をしました。そこはまるでタイムスリップしたかのようなむき出しの土みちがあり、すれ違う女性は皆、まげを結い、民族衣装を着て暮らしていました。名も知らぬ旅人に気さくに声をかけ、家に招いてくれるミャオ族の人々の人なつっこい性格。そして何よりもおどろいたのは手の込んだ細かく美しい刺繍。あっという間に心奪われました。

それから4年後、雅彦に出会った瑞代へ手渡されたのが、一枚の小さな古布でした。その布には極めて細い糸で刺繍がされていて、一瞬で魅了されたことを思い出します。端正で美しい、そんな単純な表現では伝えきれない何かを感じたものです。ミャオ族の刺繍が秘めている力とは？　作り手であるミャオ族の女性たちとは一体どんな人たちなのか？　どんな環境で制作されたのか……？　数々の疑問がわき、ミャオの世界に一気に引き込まれていきました。

ミャオの人々の人柄(民族性)、そして手仕事に魅せられた私たちは、北京に暮らした1999年から2007年までの8年の間、導かれるようにミャオとの縁を深めていったのです。

※1.　中国の総人口は13億6072万人。全体の91.5％が漢族、残りが55の少数民族で構成される。ミャオ族の人口は約1千万人。(2010年中華人民共和国第六次全国人口普査調べ)
※2.　トン族は、本書の舞台である貴州省の黔東南苗族侗族自治州に多く定住する。ミャオ族やほかの少数民族と隣り合って暮らし、影響を与え合っている。

今では貴州省に暮らし、山岳民族とも呼ばれるミャオ族ですが、歴史をさかのぼると、かつては中国大陸の内陸部、大河・長江流域の豊かな大地と水に恵まれた地で稲作の民であったといわれています(ただし、諸説あります)。しかし、気象変動や漢族との土地争いなどにより、条件の悪い山岳地帯へと追いやられていったのです。山々が連なり、平地の少ない痩せた土地は、農耕民族の彼らにとっては非常に過酷な環境でした。そんな厳しい土地での営みを強いられたミャオ族の人々は、山を切り拓いて棚田を作り、水牛の力を借りて田を耕しました。山に貼りつくように集落を形成し、横のつながりを大切にしながら生きてきたのです。木造に瓦ぶきの家が点在するミャオの村は、日本人がどこか懐かしさを感じる風景です。山から薪を得たり、水は雨水を利用したり下山して川へ求めたり、口に入れるものはもちろんのこと、必要な道具も自ら作る……。そんな昔話のような暮らしを続けてきました。「天に三日の晴れ間なし、地に三里の平地なし」。この言葉は、貴州省の過酷な環境を象徴しています。

神話と伝説の世界で生きる彼らには、ご神木として崇める楓香樹(日本ではフウの木)に蝶が12個の卵を産みつけ、その内の2つが孵ってミャオ族の祖となる男女になったという言い伝えが残っており、今でも「蝶」を民族の母として神聖化し、「フーディエマーマ(母なる蝶々)」と親しみを込めて呼んでいます。

ミャオの人々はミャオ語を用いますが、文字がありません[※3]。後世にミャオ文化(民族の歴史・風習や宗教観等)を伝達する手段として、歌にして伝えたり、女性たちが筆の代わりに針を使い、布に刺繍で残すなどして、伝えてきました。

ミャオ族にとって刺繍とは単なる飾り(装飾)ではなく、いわばバイブルであり、民族のアイデンティティと言えるでしょう。

ミャオ族は、自然界のすべてに命が宿っていると考えています。「鳥(鳳凰)」は太陽を運んで来る太陽神(不死や再生の象徴)。「龍」は雨風を司る水の恵みの神(豊作の象徴)、民族の祖(母)なる「蝶」。ミャオ族の刺繍図案には、よくよく見るとそれらの神々が生き生きと描かれています。時に大胆に、時に抽象化し、民族の物語として子孫へ伝えていったのです。

※3. 私たちは、貴州省・台江のお年寄りから「漢族にミャオ族であることを隠すため、水牛の皮にミャオ文字を書き、それを火であぶって食べ、文字を封印した」という伝説を聞いたことがあります。

(p. 4左)稲の刈り入れ。(舟渓)
(p. 4右)木造・瓦屋根の家々はどこか懐かしい。(郎徳)
(左)祭りの会場で娘の髪を整える母親。(舟渓)

ミャオの里に生まれた娘は当然のこととして糸紡ぎや刺繍、織、染めを学びます。6歳の頃には母親から技術を教わり、農作業の合い間をぬって、成人し結婚するまでの間に一生分の布もの(自らの婚礼衣装や子どものねんねこなど)をこしらえていました。綿や絹の糸は自ら紡ぎ、それを織り、染めて、そこに刺繍を添える。長い年月に渡って、そんな一連の作業を脈々と受けついできました。それはミャオ族の女性としてこの世に生まれてきた誰しもが「たしなみ」として続けてきた伝統、そして誇り。特別な人がするものではなく、ごく日常の営みだったのです。

山での忙しい暮らしのなか、若い男女には出会いの機会もなかなかありません。貴重な出会いのチャンスとなるのが「祭り」です。祭りには、ここぞとばかりにありったけの銀飾りをつけ、精緻な刺繍で彩られた自作の民族衣装(地域によっては見事な前掛けや花帯を添える)に身を包んで、繰り出します。そこが腕の見せ所、また日々の努力が試される場で、刺繍の腕がよい娘ほど「もてた」のだそうです。刺繍を見れば根気忍耐、性格、感性……その娘の技量が一目瞭然にわかる。だから皆こぞって腕を磨いたのだといわれています。各家に代々伝わる刺繍のモチーフがあるのですが、祭りの会場で各自ライバルの刺

凱里の市場で母親のお手伝いをしていた女の子。

繍を見て、よいものはアイデアとしてとりいれることもあります。互いに刺激し合い、影響を与え合う。そんなデザインのスケッチブックのようなものが、「覚え布」(p.146)と言われるものです。覚え布に刺繍を刺し貯めておいて、自作に生かしたり、ヒントにしたりしながら、技・構図等が上達していくのです。

刺繍とならんで、祭りで目を引く「銀飾り」。銀に関しては専門の職人(銀工師)がいて、細かな細工を施した銀飾りを作ります。各家庭は財産を銀にして残していたようです。銀は富や福、繁栄の象徴であり、その「輝き」と揺れ動くときに立てる「音」により、邪気を払う力があると信じられていました。祭りで気の合った男女は想いを歌にのせ気持ちを伝え合います(対歌)。

普段の生活でも刺繍の入った民族衣装で暮らしていたミャオの人々。そこにはちゃんと意味があるのです。充分な医療設備のない山の暮らしでは、この世に生を得た子が無事に生まれ、元気に育つ保証はありません。「邪悪なものは布目から入ってくる」という古来からの言い伝えが残り、その邪気をはねのけるものが、祈りをこめた「刺繍」だったのです。お守りでもある刺繍はやがて布目を埋め尽くし、針目はさらに細かくなっていきました。

ミャオ族の刺繍が布面の広範囲に渡り、刺繍の目が微細になっていった所以です。最も守られるべき子ども用の帽子や背帯(ねんねこ・おぶいひも)には細かい刺繍で覆われたものが多く見られます。一方、地域や時代にもよりますが、男性の衣装は成人するとともに刺繍がみられなくなるようです。
「百苗」と称されるほど刺繍の技法や色使い、図案、表現方法等にバリエーションのあるミャオ族の民族衣装ですが、女性に共通するのは、プリーツスカートに上着の組み合わせ。さまざまな丈のスカート(極端に短いものも)、多彩な上着の形や刺繍はまるで地域文様です。同じ貴州省のミャオ族でもどこの地域のミャオ族かが一目でわかります。

デザインセンスや色合わせの妙、多彩なアイデア、確かな技術、どれをとっても自由で独創性に富んでいてため息が出るほどですが、けっしてかたくるしさを感じさせません。それはきっと彼女らが楽しみながら仕立てたからでしょう。布を通して作り手のぬくもりや楽しげな声が伝わってくるのです。
ミャオ刺繍は、売り物でも、献上品でもありません。市井の女性たちが生み出した唯一無二の愛の産物。その根底に流れる民族の誇り、そして「愛」や「祈り」が見る者、触れる者に何かを伝えるのではないでしょうか。

しかし、そんな見事な手仕事が、現代中国では、近代化の波や経済至上主義などを背景に、消えようとしています。厖大な時間と労力を必要とするミャオ族の刺繍を今日の中国で続けることは大変難しいことです。技術を引き継ぐべき若い娘たちは、現金収入を得るために町へ出ていってしまいました。売り物ではなく、家族や自らのためだったミャオ刺繍ですが、売り物ではなかったがためにすたれようとしている現実があるのです。縁あって当館(我が家)に集まったこの刺繍たちはかつての若い娘たちが丹精込め生み出した古布・古刺繍です。時代の流れの中で今では姿を消そうとしているミャオ族の見事な手仕事の数々を皆さんに知っていただきたい、記憶に留めてほしいという思いでこの本を作りました。私たちはこれらを愛し、蒐集してきましたが、染織や民族学などの専門家ではありません。学術的なご指摘等がございましたら、ぜひご教示ください。
本書で紹介した刺繍たちが、ミャオ族の暮らしの中に生きづいていたかつてのようにもう一度息を吹き返し、ミャオ族の女性たちの手と魂に再び宿り、蝶のように翼を広げ、未来に羽ばたくことを祈っています。

苗族刺繍博物館　館長　佐藤瑞代
佐藤雅彦

contents

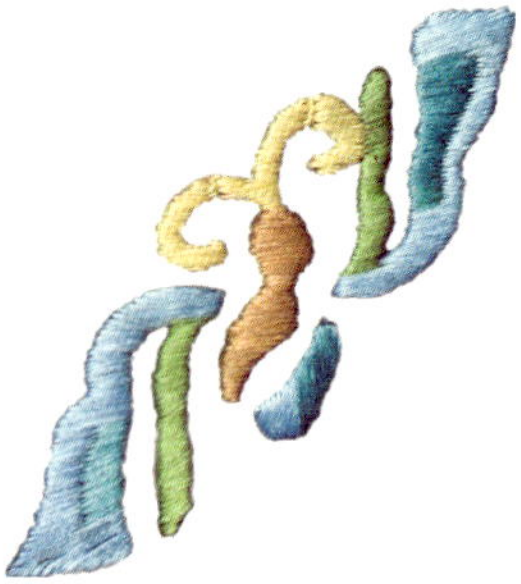

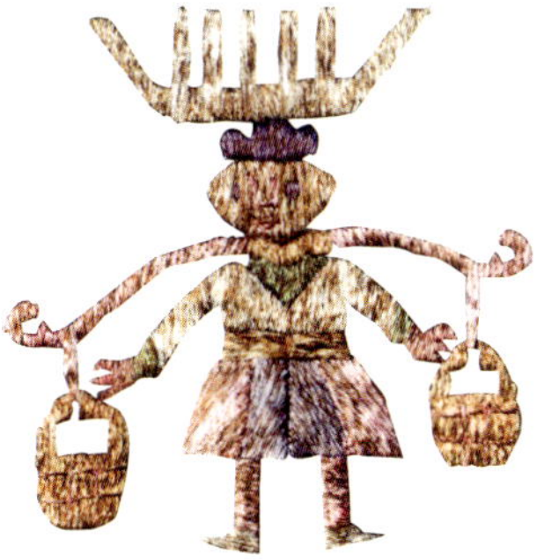

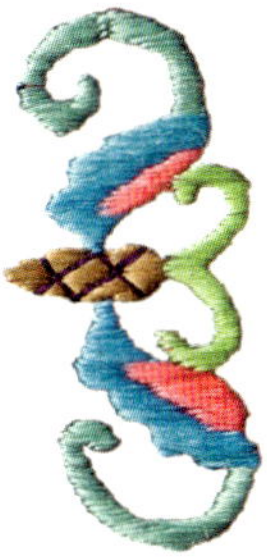

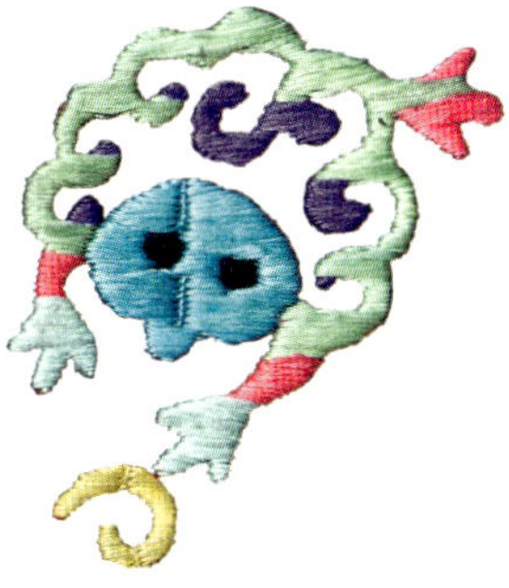

◎データの見方

AREA：制作された地域
PEOPLE：民族
USE：用途

01 AREA：雷山／レイシャン USE：上衣

襟足に子宝の象徴、ザクロのモチーフが忍ばせてある。

鋪絨繍（プゥロンシュウ）という技法で、織のように経糸に横から糸を刺したり、裏に渡したりして模様を生み出す。

作り手が若いころに仕立てた、あざやかな色糸を使った女性の衣装。

02

AREA : 雷山／レイシャン

USE : 上衣

ミャオ族の娘たちは、着物のそでや肩などに、美しく刺繍した布を縫いつけて飾る。この衣装は晴れ着だろうか、繊細なシルク地に華やかな刺繍が踊る女性の衣装。男性の衣装はシンプルで刺繍のあまりないものが多く、この本で紹介する衣装は、基本的に女性もの。

03

AREA：雷山／レイシャン
USE：背帯

赤ん坊を背負うための背帯。藍染めされた布に、２本の針を使って刺す双針繍(ショワンジェンシュウ)で刺繍されている。上段には二組の双龍、下段には蝶が遊ぶ。

04 AREA：雷山／レイシャン
USE：背帯(部分)

龍と鳥を見事に組み合わせたデザイン。中央にも小さい鳥がいたり、それを囲む枠にも大きな翼を持った鳥(鳳凰だろうか)が配置されている。

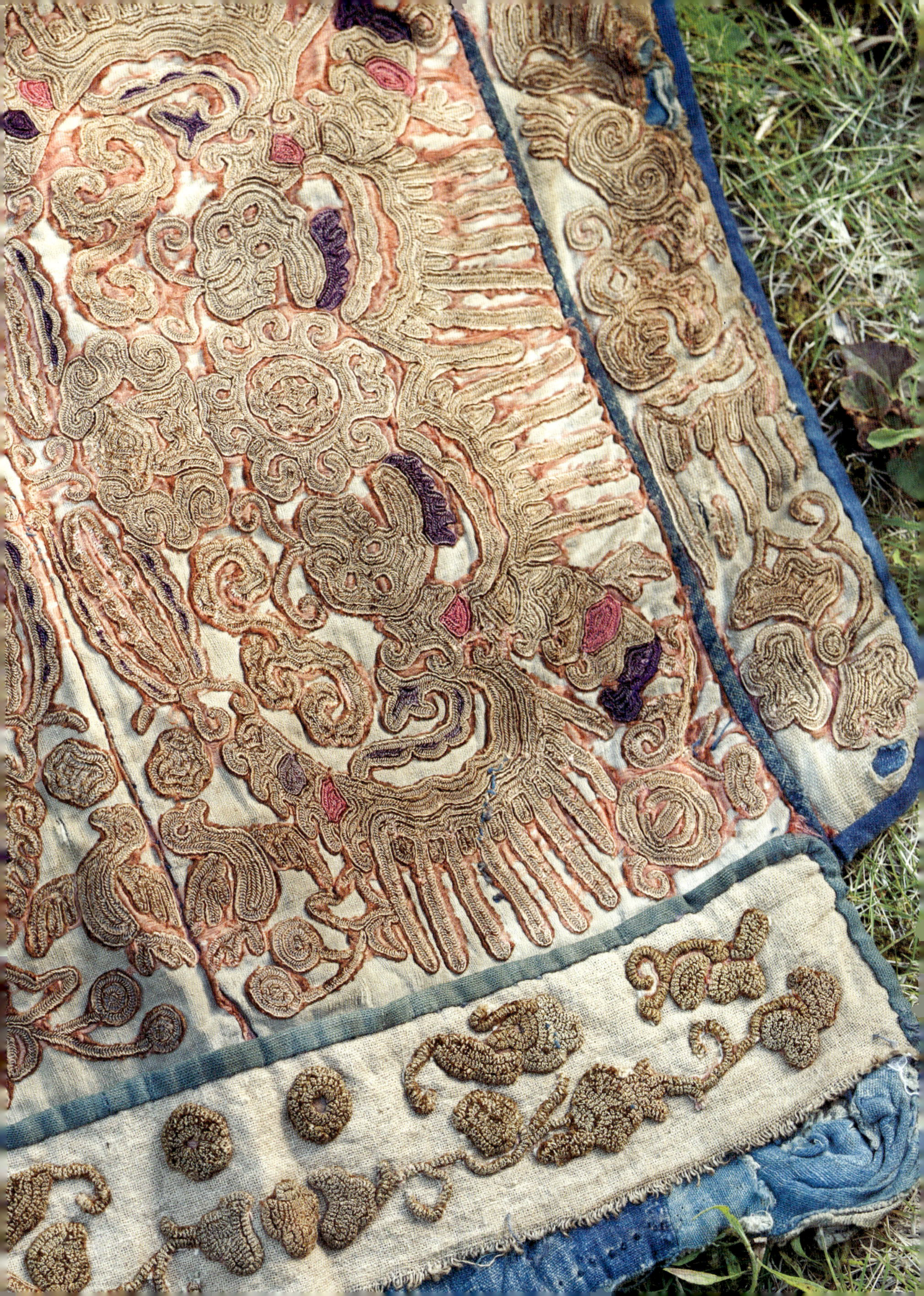

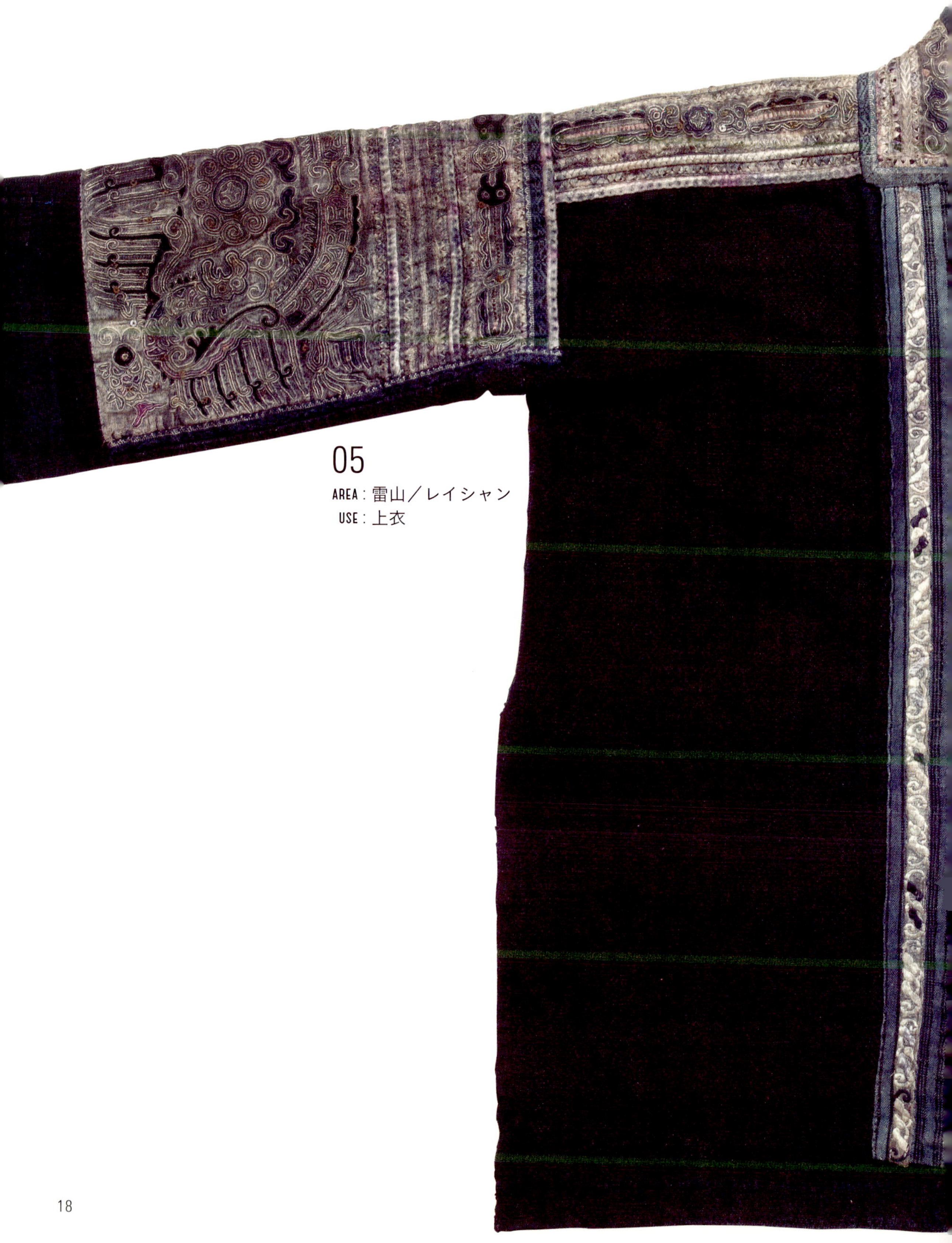

05

AREA : 雷山／レイシャン

USE : 上衣

もとは華やかな色糸で刺した刺繍衣だが、長く身につけているうちに色があせてきて、藍で染め直している。そうすることで全体が落ち着いた色合いになり、衣装としてよみがえる。

column 1

雷《レイ》公《ゴン》山《シャン》地区のこと

雷山県は、雄大な雷公山に抱かれた自然豊かな土地である。雷公山は現在では自然保護区に指定されており、広大な原生林地帯には、美しい花が咲き、深い谷は澄んだ水をたたえ、毒蛇やさまざまな獣がすむ。

この地には昔からたくさんのミャオ族やトン族の人々が暮らし、かつては「『九股生苗』（漢族になじまぬミャオ族）の地と目されていた」（『色彩夢幻』京都書院）という。漢族の侵略に対して、長きにわたるミャオ族の大蜂起があったのもこの地方である。一方で「熟苗」といわれた漢族を受け入れていた地区（たとえば青岩など）では、文化や風習に漢族の影響が色濃く残っている。

写真は雷山県郎徳村。干したトウモロコシは家畜の飼料になる。唐辛子はミャオ族の食卓に欠かせない。

06

AREA：雷山／レイシャン
USE：上衣(部分)

組紐をねじらせ立体的に綴じつけ、一面に大きな蝶を描く。ミャオ族にとって「蝶」は母なる祖先であり、大切なモチーフである。

07 AREA : 雷山／レイシャン
USE : 上衣(部分)

そでを彩るための龍のモチーフ。スパンコールで飾られた龍は、おなかに金色に輝く子どもを宿している。

08

AREA：雷山／レイシャン
USE：上衣(部分)

幅２ミリほどの組紐を皺状に綴じつける皺繍(ジョウシュウ)で、厚みのある龍が浮き上がる。この龍をひとつ仕上げるだけでも気の遠くなるような時間が費やされていることが想像できる。

09

AREA : 雷山／レイシャン
USE : 上衣(部分)

カラフルな色づかいやポップなデザインが目を引く雷山の刺繍には、独特の可愛さがある。花や草木、飛禽走獣、そして祖先から語り継がれた伝説に出てくる生き物が、ミャオの図案には織り込まれる。

11

AREA : 雷山／レイシャン
USE : 上衣(部分)

繊細なシルク糸で不思議な生き物たちを描いた、ストーリー性のある刺繍。中央の祠には人らしき姿もある。

10

AREA : 雷山／レイシャン
USE : 上衣（部分）

薄緑の板藺（p.76参照）を地布に用いた刺繍。配色が楽しい。

楓香樹に蚕の虫がついて、それが蝶になって12個の卵を生みました。鶺宇鳥（ジーユイニャオ）が、蝶の代わりにその卵を温めました。
やがて、最初の卵から、ミャオ族の始祖姜央（ジャンヤン）が生まれます。長い卵からは龍が、まだらの卵からは虎が、黒い卵から牛、白い卵から雷神が生まれました。黄色い卵からは人が生まれ、最後までかえらなかったものは鬼になりました。　（ミャオ族の古歌より）

12 AREA：畢節／ビィージィエ
USE：上衣（肩掛け）

赤やオレンジ、黄色のビタミンカラーの畢節の肩掛けは、高めの立ち襟がおしゃれ。細布をアップリケで重ねづけしストライプ状にあしらった縁が効いている。

13

AREA：高坡／ガオポー

USE：上衣

頭からかぶるタイプの身頃掛け。
黄色が目を引く。

(左)前面の中心には、ループ状に浮き上がらせた立体的な刺繍。(右)近くで見ると、まるで模様の見本帳のよう。

14

AREA：平寨／ピンジャイ
USE：背帯

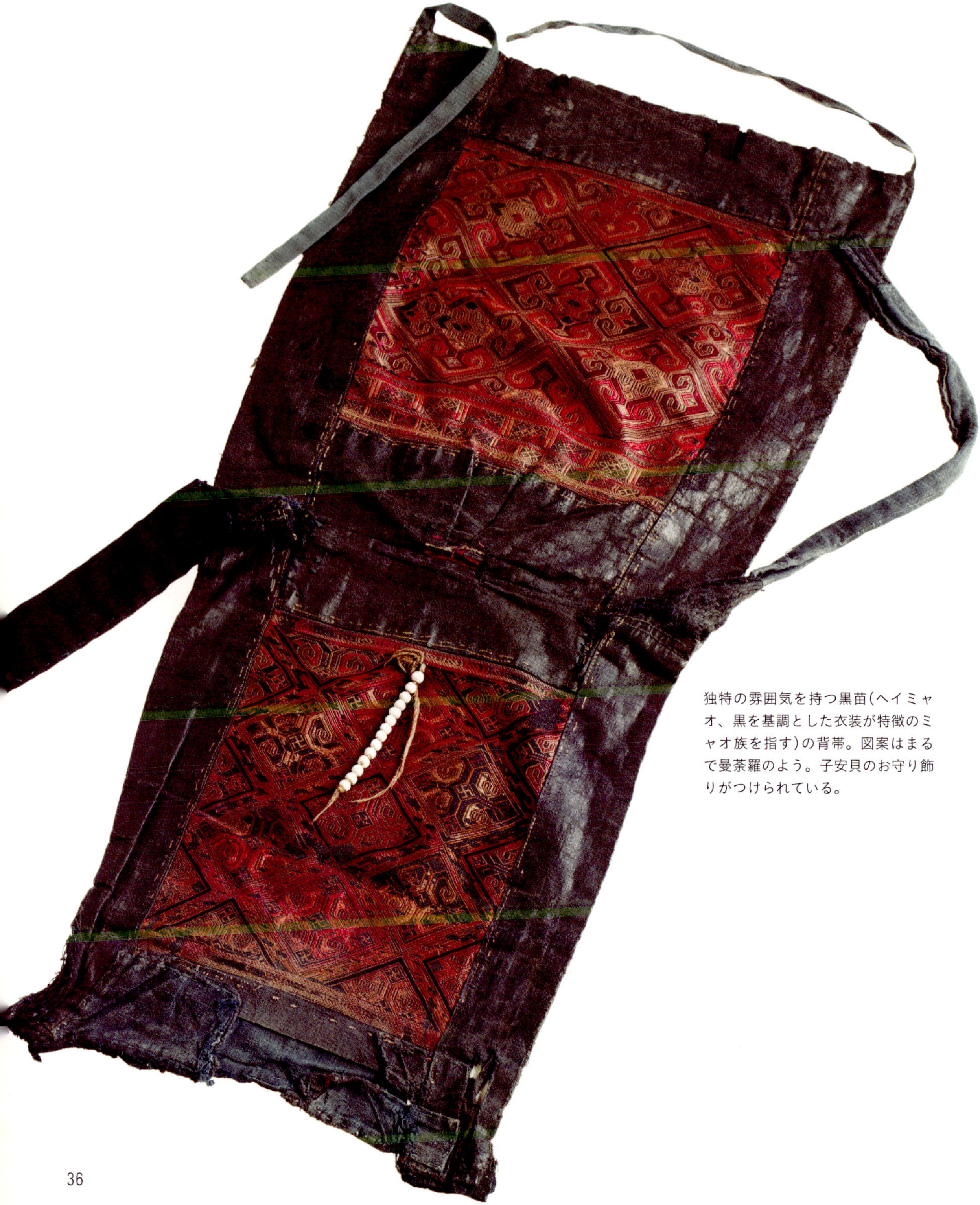

独特の雰囲気を持つ黒苗(ヘイミャオ、黒を基調とした衣装が特徴のミャオ族を指す)の背帯。図案はまるで曼荼羅のよう。子安貝のお守り飾りがつけられている。

15

PEOPLE : 侗族／トンズー
USE : 子ども用帽子

天から降ってくる災いから我が子を守るため、頭頂部は蝶の刺繍、おでこは銀細工の菩薩たちが守りを固める。後頭部には歩くたびに揺れる鈴、耳にあしらった綿毛がなんとも愛らしい。

column 2

侗《トン》族

貴州省は、ミャオ族以外の少数民族も多く暮らす土地である。トン族はミャオ族と近いところで生活してきた民族で、たくさんの共通点がある。建築で有名なトン族は、釘を使わずに作る屋根つきの「風雨橋」や太鼓を最上部に備えた鼓楼でもおなじみだが、貴州省黔東南(東南部)のミャオ族が作る家「吊脚楼」も釘をまったく使わず木材のみをはめ込み式で作る。また、ミャオ族も、トン族も、歌の名手として有名。ご覧のように、刺繍の技も、ミャオ族に引けをとらない。

台江で出会ったミャオ族の女の子。帽子には、魔除けとなる銀細工の菩薩がずらりと並んでいる。

一見、おしゃれなブーツのようだが、靴とズボンが一体化した中国特有の子ども用尻割れパンツ（すぐに用が足せる作りになっている）。パッチワーク状の護符の刺繍が、足元をしっかり守る。

16

PEOPLE：侗族／トンズー

USE：子ども用ズボン靴

column 3 銀の飾り

銀冠の飾りはそれぞれ。この銀冠は、頭の周りをぐるっと馬に乗った人が囲んでいる。

銀は、漢族との商取引で得た対価であり、娘たちのための装飾品に形を変えて、また動産として家々に伝えられてきた。家の豊かさと両親の勤勉さの象徴であり、魔除けとして、持つ者に幸運をもたらすとされていた。祭りの日は、未婚の女性たちは代々親からゆずりうけてきた豪華な銀飾りを身にまとう。

(上)姉妹節のお祭りが行われている台江の会場。ミャオ族の女の子が頭につけているのは、水牛の角をかたどった大きな銀冠。銀の総重量は10キロ近くになることもある。

17 AREA : 丹寨／ダンジャイ
USE : 上衣

祭りの際に用いられる特別な盛装「百鳥衣」。
大胆に龍が舞い、裾には鳥の羽根が揺れる。

木綿地に板繭(p.76)を貼り、その上から刺繍をしている。魚や鳥のようなモチーフも。

この百鳥衣は、ミャオ族の祖先と言い伝えられている蚩尤(シーヨウ)をたたえた「祭尤節」で着用される。蚩尤は、人の身体に、牛のひづめ、頭に２本の長い角があったらしい。そう言われてみると、この龍はまるで牛のような頭を持っているようにも見える。

18 AREA：平塘／ピンタン
USE：上衣

頭からかぶって着る貫頭衣型のボートネック。
荒削りで力強い刺繍が印象的。
(下)ろうけつ染めで描かれた顔？がキュート。

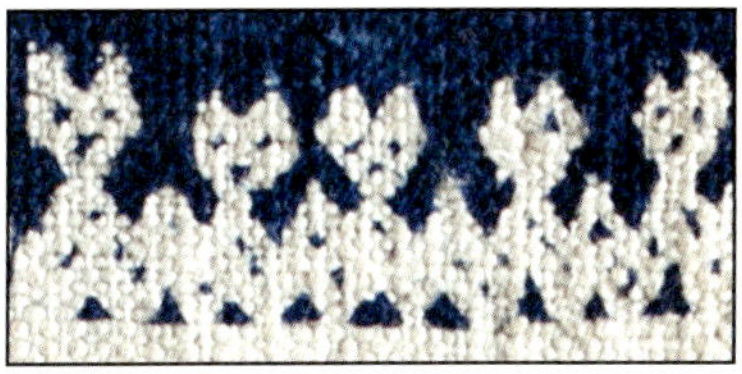

19

AREA：平塘／ピンタン
USE：上衣

風に揺れて踊る房。ショート
丈の楽しげな上着。

20 AREA : 剣河／ジェンフゥ
USE : 上衣

刺繍糸に錫《すず》を綴じつけた剣河の衣装は、光を受けて輝く。剣河の錫繍(シィシュウ)は、漆黒の綿生地に、絹糸で刺繍をしたあと、小さな錫片を糸にかませて図案を浮き立たせている。

21

AREA：剣河／ジェンフゥ
USE：前掛け（部分）

20の上衣と同じ錫繍という技法。ルーペで覗かないとわからない細かさ。

拡大すると、錫片のない部分にも赤や青で刺繍されているのがわかるだろうか。全面に菱形の文様を刺繍して、その上から四角を組み合わせた迷路のような錫繍を施している。

さらに拡大するとようやく錫繍の全容が見えてくる。下の細長い錫片は2×0.5ミリ。小さい方は1つが0.5ミリ角。錫片はビーズのように中が空洞になっておらず、Cの字のような錫片を糸にガチッとかませていく。

22 AREA：台江／タイジャン
USE：上衣

農耕民族であるミャオ族にとって、龍は雨風を司り豊作をもたらす神様として大切なモチーフである。幅２ミリ程度の組紐を皺状に綴じつけたボリュームのある刺繍は、かなり堅牢にできている。

23

AREA：剣河／ジェンフゥ
USE：上衣

桃色の糸を使った刺繍と織を組み合わせ、そで、肩、背中を覆った衣装がなんとも愛らしい。

24

AREA : 丹寨／ダンジャイ

USE : 上衣

裾やそでの細部まで板繭と刺繍で装飾されている。たどたどしい素朴な刺繍も愛らしい。

身頃の絹織部分が経年変化
で擦り切れた年代物。極端
に短い丈が特徴。

25

AREA : 貞豊／ジェンフォン
USE : 背帯

背帯の帯は「へその緒」と言われ、大切にされてきた。これは帯と、おぶった子の頭を守る背蓋(フード)もついた背帯の完品。子どもをくるむ本体には隙間なく細かい刺繍が刺してあり、帯は細かい浮き文様の織となっている。

26

AREA：貞豊／ジェンフォン
USE：上衣

裏から刺して表に模様を生み出す、反面数紗繍(ファンミエンスーサーシュウ)。紺や緑の糸を使い、背中の紺地が見えないほどびっしりと吉祥文の刺繍でプロテクトしている。

27

AREA：三都／サンドゥ
USE：上衣

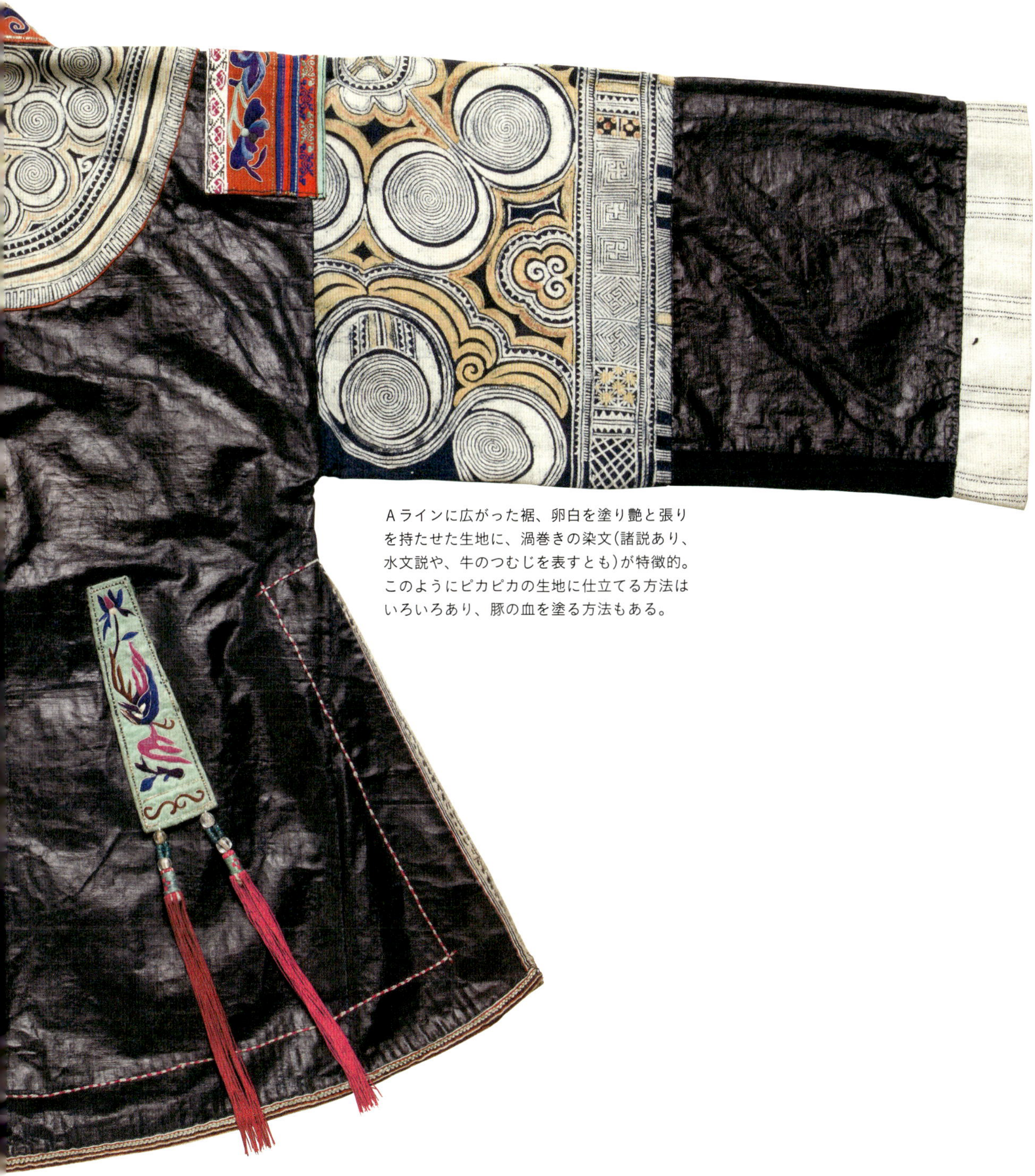

Ａラインに広がった裾、卵白を塗り艶と張りを持たせた生地に、渦巻きの染文(諸説あり、水文説や、牛のつむじを表すとも)が特徴的。このようにピカピカの生地に仕立てる方法はいろいろあり、豚の血を塗る方法もある。

布に蝋で図案を描き、藍染めしたあと、布から蝋を落とす（脱蝋）と、図柄ができあがる。このあと黄色などを差す。蝋描きは、とくに下書きなどもせずに直接布に描いていくことが多い。

28 AREA : 革一／グーイー
USE : 背帯

堆繍(ドイシュウ)。極小のシルクパーツを１ミリ単位でずらして重ね、立体的に模様を描いてゆく技法。

29 AREA：革一／グーイー
USE：背帯

刺繍は擦り切れ、藍に染め直された
この背帯で、いったい何人の子供た
ちが巣立っていったのでしょうか。

30 AREA：革一／グーイー
USE：背帯

お祭りのワンシーンだろうか。祠に祀られる人、踊る村人たち、闘牛のシーンなど、おかしなものがウヨウヨ。遊びのあるデザインに、見る方も笑顔になってしまう。

column 4

背帯

舟渓《ジョーシー》の背帯は、p.74と同様の長い一枚布タイプ。子どもの大きさに合わせて使える。

僅家《グージャー》の背帯はオレンジ色の帯が映える。赤ん坊の頭に毛布をかけて寒さから守っている。

背帯とは、幼児を背負うためのおぶいひものこと。幼児を包むおくるみに、ひもや帯が縫いつけられている。ミャオ族の子どものための背帯は、婚家にくる前から作り始めるのが普通だったほど、時間をかけてつくられる。刺繍やろうけつ染め、織物などのテクニックを駆使してさまざまな護符が装飾されている。地域によってフードつきだったり、四角形や奴凧型など、タイプはいろいろ。銀飾りがついたものを使っている人もいる。

(右)六枝特区梭戛郷。最近は化繊や市販のビーズによる商品も増えた。

31 AREA : 舟渓／ジョーシー
USE : 上衣

板繭パーツをかがりつけたプリミティブなデザインの布を、シルク地でできた服のそでにとりつけている。

32

AREA：舟渓／ジョーシー

USE：背帯

浮き織の布を真ん中に配した背帯。連続する菱形の中に数々の護符文様が並ぶ。ミャオ族の祖とされる蝶や水辺の神であるカニ、天空の使者である鳥などが見てとれる。

column 5

舟渓《ジョーシー》の芦《ろ》笙《しょう》祭《さい》

旧暦の正月に行われる舟渓の芦笙祭。祭りに参加する盛装の娘たちは、頭部や背中、肩口を豪華な銀細工で飾り、華やいだ表情。

(左)舟渓などで装飾のパーツとして使われている板繭は、蚕が繭を作らずに、板の上で平面的に糸を吐いてできる。不規則に吐いた糸が絡み合って、不織布状になる。見た目はまるで和紙のようだが、触れるとシルク独特の艶やかさと光沢がある。

33 AREA：舟渓／ジョーシー
USE：前掛け

極小の板繍パーツをかがりつけたり、
刺繍と組み合わせたりしたもの。

34

AREA：織金／ジージン
USE：おくるみ

１本の糸の中心を固定し、一方の糸端に重石をつけて回転させることでよりをかけ、同時にもう一方もよりをかけながら、２本を絡ませる捲針繍(ジュワンジェンシュウ)。しっかりとした芯のある糸が曲線の効いた小花を描いている。

35

AREA : 織金／ジージン
USE : おくるみ

馬尾繍(マーウェイシュウ)という、馬のしっぽの毛を芯にして巻きこむ刺繍技法。(p.81)摩耗した箇所からとびだしている透明な毛が、馬の尾。

36

AREA：松桃／ソンタオ

USE：上衣

漢族の衣装のような形をした
松桃の民族衣装。

column 6

頭飾りと髷《まげ》

ミャオ族の女性たちは、個性的な髷を結い、祭りや市場へ出かけるときはかんざしや櫛、花などをさして飾る。帽子や布をかぶる地域もある。村、既婚・未婚の別によって、装いは異なる。

(上)六枝特区梭戛郷の跳花節で踊る長角ミャオ族の娘たち。頭の重さは、毛糸や先祖の髪も含めて5キロほどにもなる。

舟渓の祭りの髪飾りは、髷に銀冠をつけて花をピンでとめ、かんざしをさす。

既婚女性の独特な髷。

37 AREA：威寧／ウェイニン
USE：上衣（肩掛けそで）

寒冷高山地に住む威寧のミャオ族は、羊の毛で織った肩掛けそで２枚を縫い合わせて暖をとる。

38 PEOPLE : 侗族／トンズー
USE : 胸当て・袋

玉止めを連ねてゆく、いわゆるフレンチ
ナッツの打子繍(ダーズウシュウ)。

穴に紐を通し、首から下げる大人用胸当て。中心部分が開く二重構造になっており、袋の役割も果たす優れもの。

39

AREA：貴定／グイディン
USE：上衣

十字繍(シーズウシュウ)や鎖繍(ソウシュウ)で背面には小花があふれ、まるで花畑のよう。十字繍は、×を連続させてゆく、いわゆるクロスステッチ。鎖繍は、鎖を連ねるチェーンステッチ。

40

AREA：貴定／グイディン
USE：上衣（部分）

衣装に仕立てる前の刺繍布。ろうけつ染めに刺繍のパッチワークを添えたキュートなデザイン。写真の右下はろうけつ染めに用いる筆刀と、蜜蝋。皿のように見えるこの蜜蝋を温めて溶かし、大小の筆刀で図案を描いていく。もともとこの地方にあったろうけつ染めに、西へ移動してきたミャオ族の刺繍が融合したという説がある。

41 AREA：黄平／ホァンピン
USE：上衣

蝶を図形のように文様化した刺繍で背面を覆いつくした、見ごたえのある黄平の民族衣装。

42 AREA：黄平／ホァンピン
USE：背帯(部分)

十字繍(シーズウシュウ)。
技法はシンプルなクロスステッチだが、そのひと針は0.8ミリ単位。

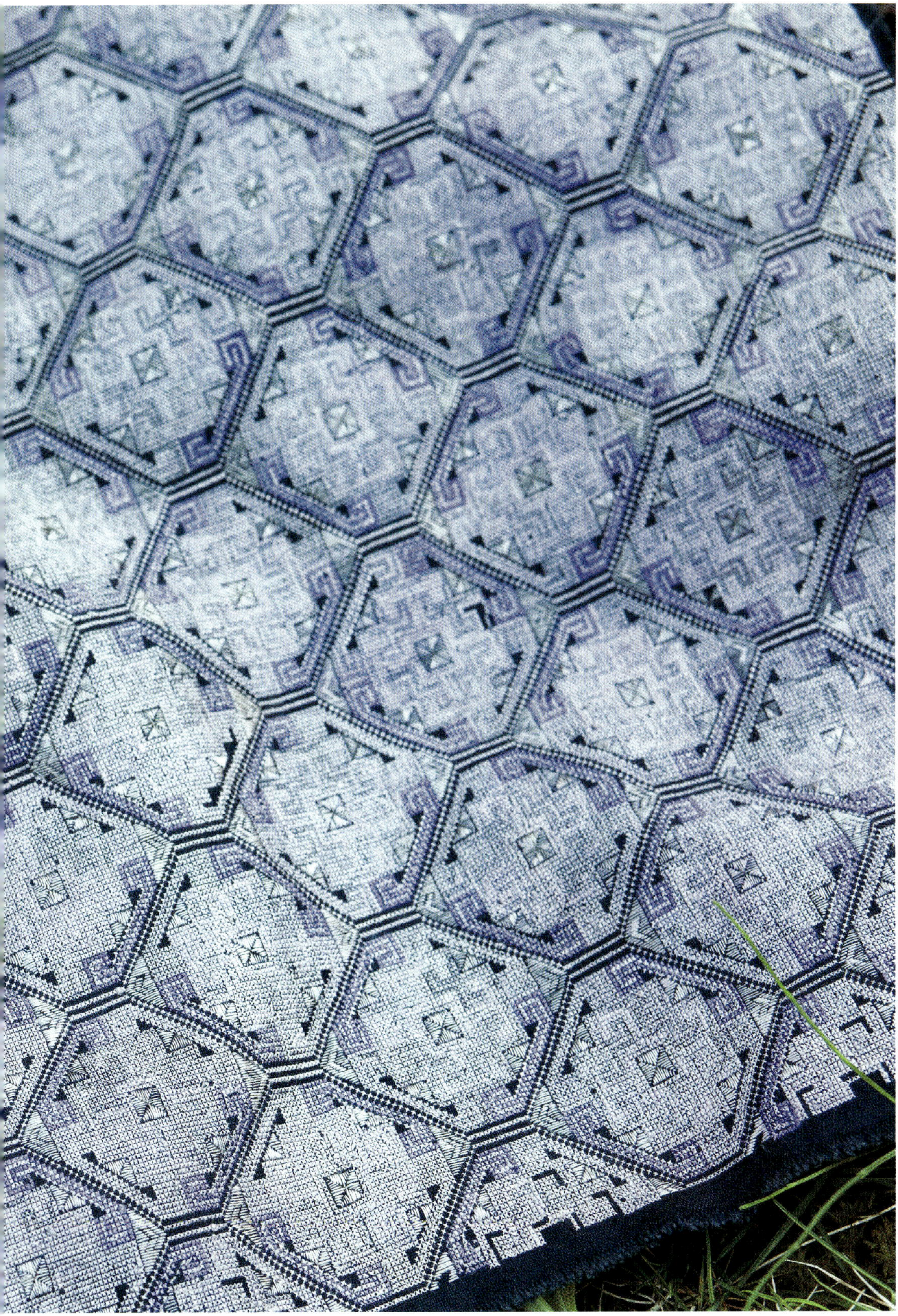

43

AREA : 黄平／ホァンピン
USE : 背帯

見過ごされそうな部分も、
緻密な仕事が光る。

44 AREA：黄平／ホァンピン
USE：上衣（部分）

黄平の平繍（ピンシュウ）のいろいろ。文様の精密さが、黄平の特徴。同じモチーフでも、配色やデザインに刺す人の個性が出る。平繍とは、平行に刺し模様をえがく、サテンステッチのこと。

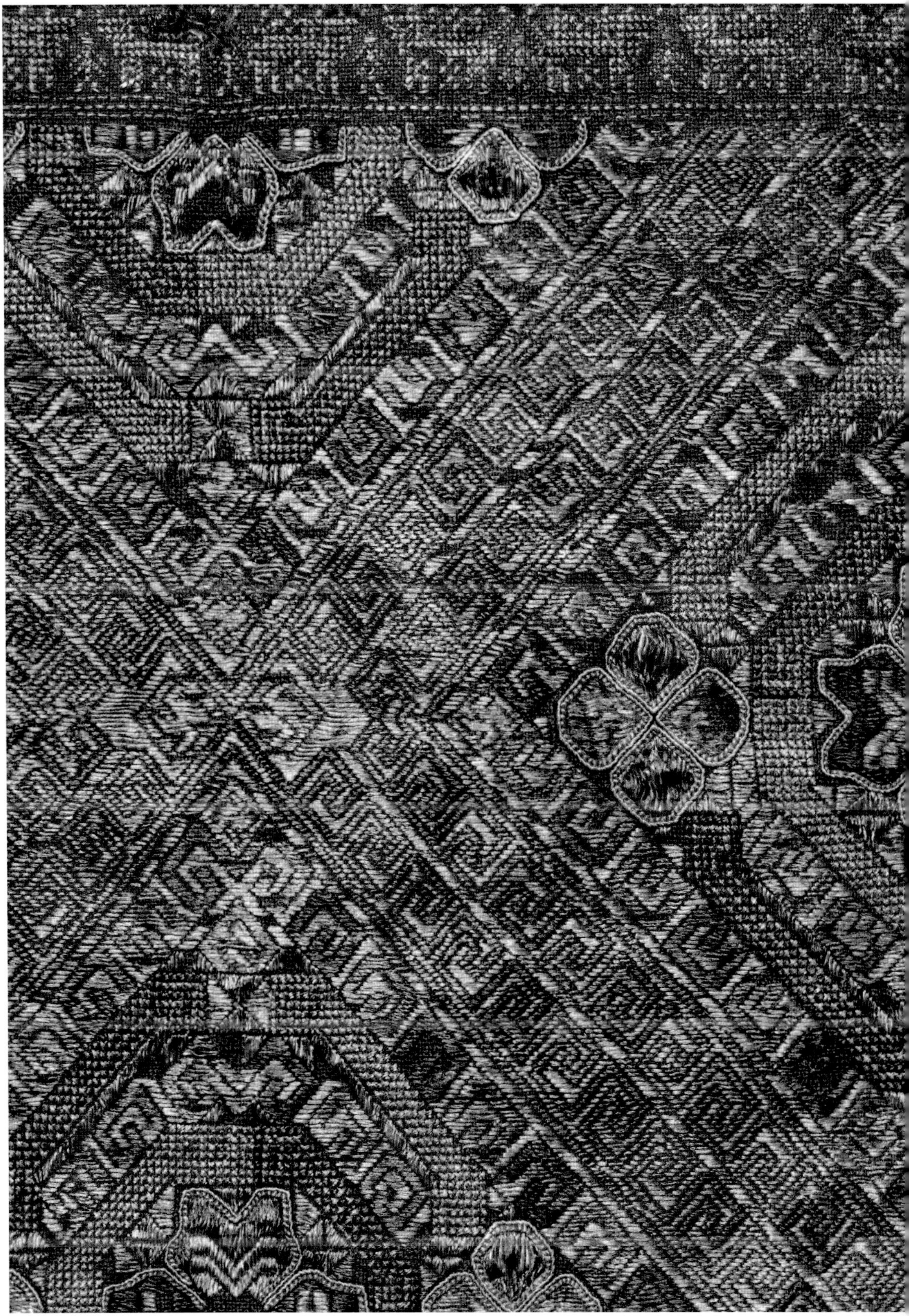

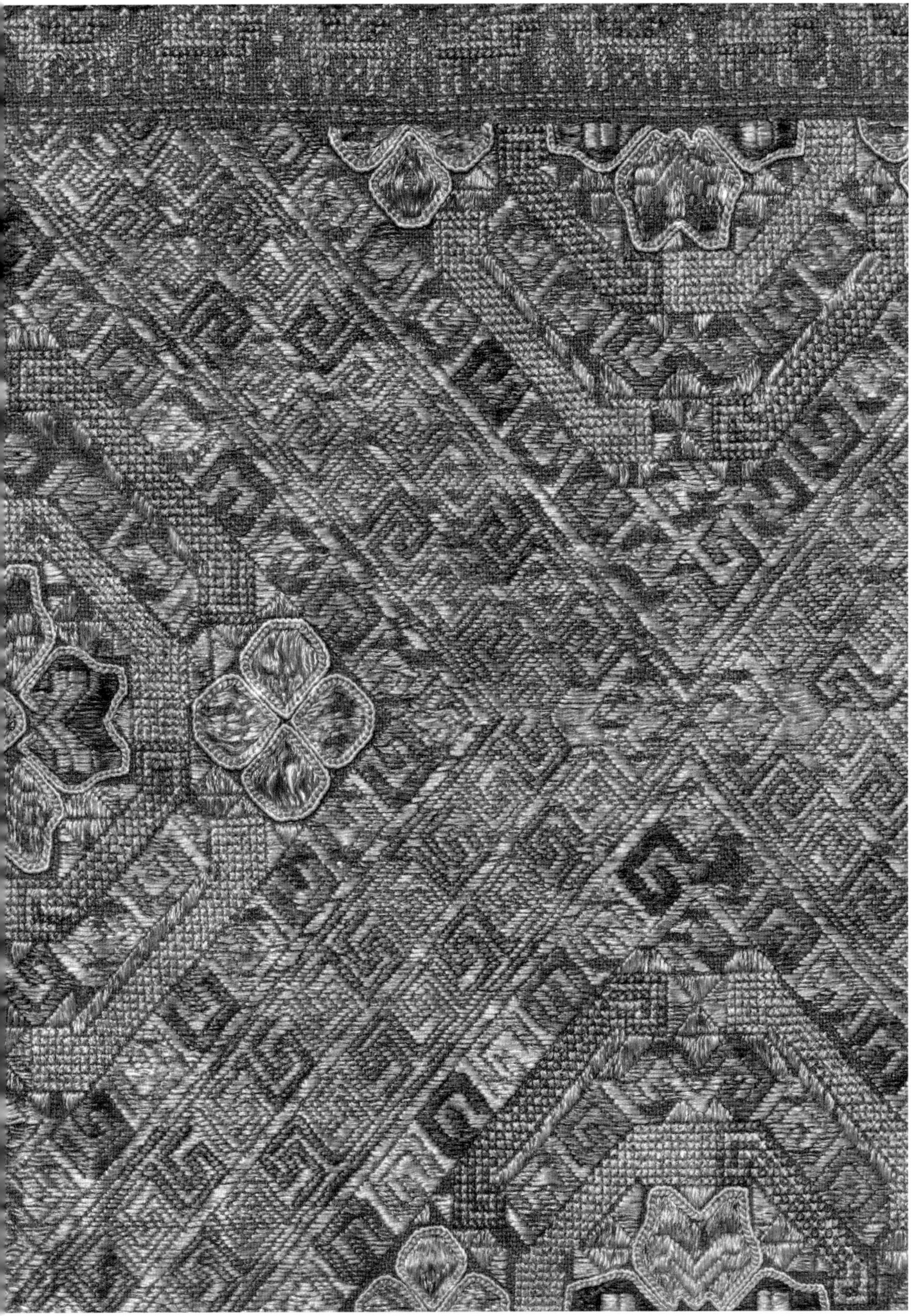

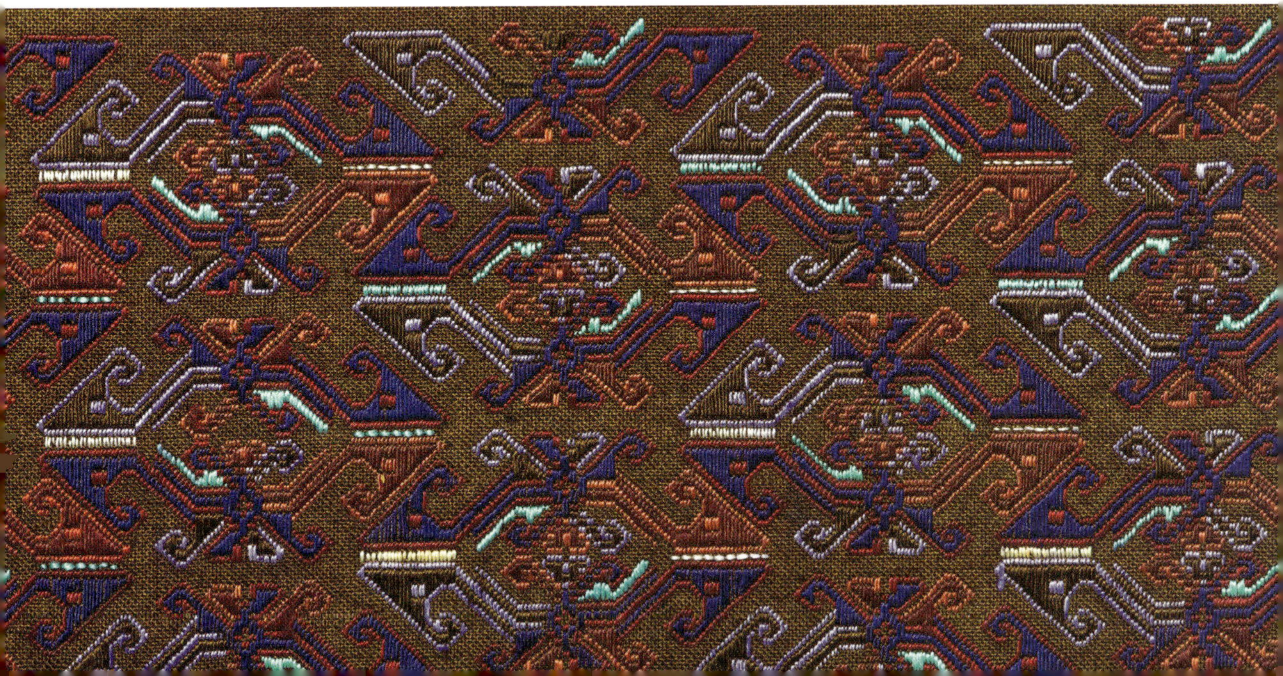

45

AREA : 施洞／シードン

USE : 上衣

剪紙破線繍(ジェンジィポーシェンシュウ)は、切り絵を台紙にして刺す技法。１本の糸をばらして極細の糸で仕立てた、繊細な糸目。

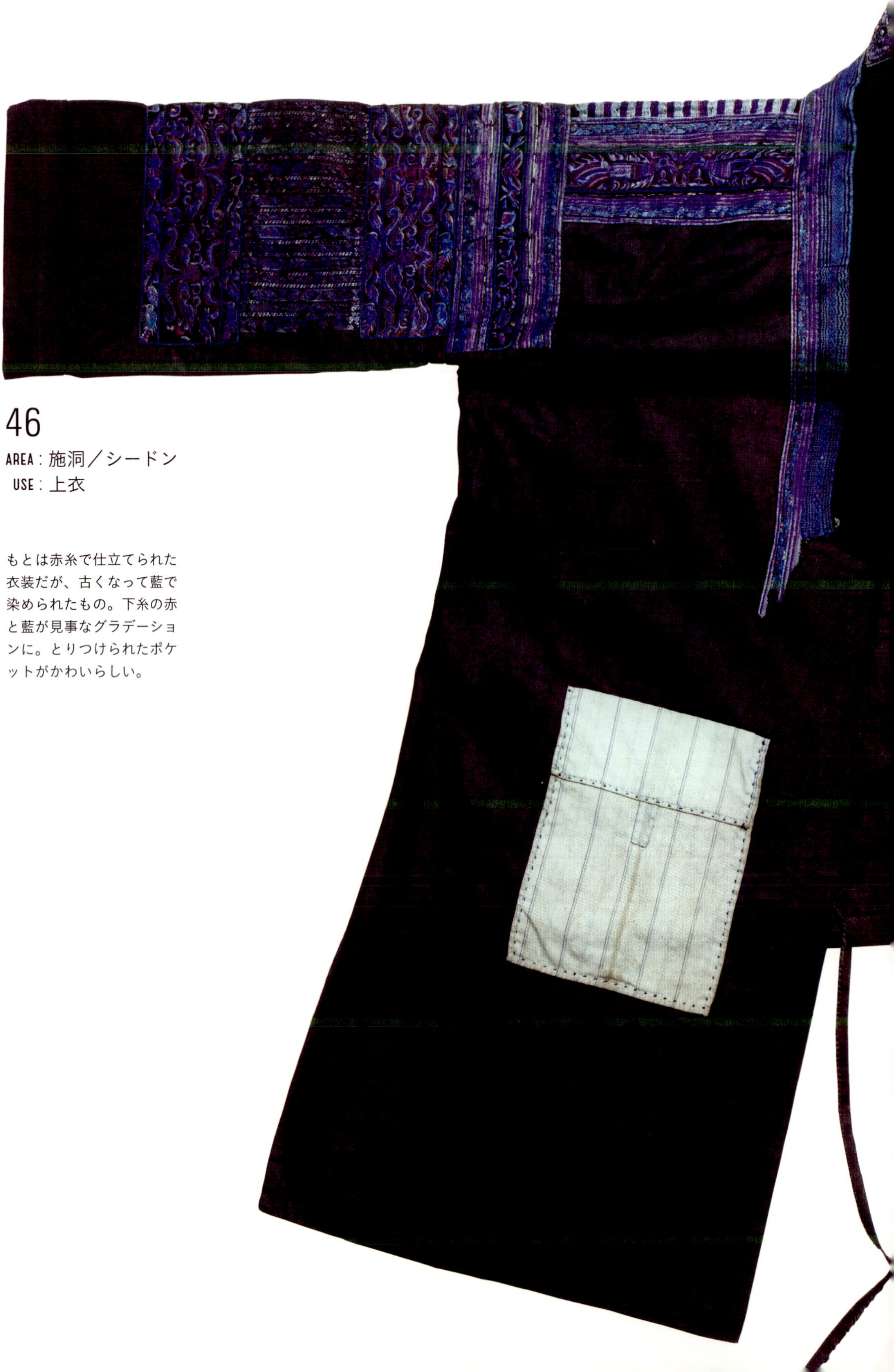

46

AREA：施洞／シードン
USE：上衣

もとは赤糸で仕立てられた衣装だが、古くなって藍で染められたもの。下糸の赤と藍が見事なグラデーションに。とりつけられたポケットがかわいらしい。

47

AREA：施洞／シードン

USE：上衣(部分)

先祖から伝承されるミャオ族の物語を、剪紙破線繍の技法でそでに刺繍したもの。乱れのない流れるような美しい針目にうっとりする。

48

AREA：施洞／シードン
USE：上衣（部分）

赤糸刺繍を藍で染め直した刺繍が、
さらなる年月を重ねたことでもと
の赤い色が抜け、神々しい輝きに。

49 AREA : 施洞／シードン
USE : 前掛け

祭りの際の盛装用。こぎんや菱刺しに通じる織の文様。腰紐の緻密な刺繍（中心部が刺繍・両端は織）が花を添えている。

50

AREA：施洞／シードン
USE：腰帯

祭りなどの盛装時につける腰帯。艶やかで繊細なシルク糸で刺繍をしたものや、織ったものも。布ものだけでなく、編み籠もミャオ族の手仕事。

column 7

施《シー》洞《ドン》

台江県施洞区施洞鎮は、清水江が脇を流れる緑豊かな村。最後のミャオの王の都となった場所でもある。施洞の祭りの衣装は、上衣の筒袖に一分の隙間もないあざやかな刺繍布が用いられている。これにプリーツスカートと前掛けをつけて、縞やチェックの頭布と銀飾りを身につける。

祭りの衣装を着た未婚女性。

施洞の既婚女性の盛装。真ん中は著者。

51 PEOPLE：傈家／グージャー
USE：背帯の帯

藍染め（ろうけつ染め）も、傈家の衣装の特徴のひとつ。さなぎから蝶になるまでの姿が連続して描かれている。

column 8

亻革家《グージャー》

亻革家は、貴州省黔東南苗族侗族自治州黄平県に住む少数民族で、政府からはミャオ族のひとつとして分類されているが、亻革家の人々は独自の民族だと主張している。

ミャオ族に似ている部分はあるが、亻革家だけの独特な風習もある。踩青会という行事のなかで行われる芦笙舞では、男性が気に入った女性の足を踏みつける風習がある。女性は気に入れば背中を軽くたたく。その昔、あまりに求愛する人が多くて足を踏みつけられて命を落とした女性がいたという物語が語り継がれている。村人たちはその死を悼み、娘の足を軽く踏んで求愛するようになったという。

蜜蝋で描いた文様を見せる女性。蜜蝋は繰り返し使ううちに、少しずつ藍色に染まっていく。亻革家の女性は、ろうけつ染めの頭布をかぶり、亻革家を象徴する赤やオレンジの飾りをのせている。

(下)家の前を竹ぼうきで掃く女性。亻革家の家は、黒い瓦屋根のある木造。

52

PEOPLE：倖家／グージャー
USE：背帯

ろうけつ染めに刺繍を添える、倖家の特徴的な背帯。帯付きの完品で、蝶を抽象化したデザイン。

53

PEOPLE : ⿰亻革家／グージャー

USE : 背帯

４頭の蝶が集まってひとつのデザインに。色が抜け落ちた部分はおねしょ跡なのか、使っていた子を思い浮かべ、愛着を感じる１枚。

54

AREA : 黄平／ホァンピン＋⿰亻革家／グージャー

USE : スカート

手前(左)が黄平のプリーツスカートで、細かなひだ加工に、赤の刺繍が特徴。奥(右)が僅家のプリーツスカート。ろうけつ染めに蝶文様の刺繍がそえてある。

55 PEOPLE : 亻革家／グージャー
USE : 上衣

詰襟型で、全体をろうけつ染めで装飾している。ポイント的に刺繍をいかす、粋な亻革家衣装。

56

AREA : 革東／グードン

USE : 上衣

オレンジの大胆な刺繍に力強さがみなぎる。

57

AREA : 麻江／マージャン

USE : 上衣

身頃全面に模様のように刺し子を施
した生地は丈夫で、厚くて暖かい。

58

AREA：六枝／リュージー
USE：上衣

手描きのろうけつ染めに色づけしている。前身頃が短く、後ろが長いデザイン。背面は上から下までびっしりと花文様の刺繍で覆われている。

59 AREA : 花渓／ホアシー
USE : 子ども用付け襟

60

AREA：花渓／ホアシー
USE：バンダナ

木綿地に刺繍した上に、厚めの染料を塗って仕上げたバンダナは、黒光りして、まるで革のような質感に。

61 AREA : 花渓／ホアシー
USE : おくるみ

細かなステッチは、まるで
粉雪を降らせたかのよう。

62 AREA : 麦格／マイグー
USE : 上衣

ループ状の帯紐が身頃に組み込まれた衣装。帯の表面にはブロックごとに違うデザインの刺繍があり、裏面には細かいろうけつ染めの柄がある。前身頃が短く、後ろ身頃が長い形。

(上)ループ部分の図柄もバラエティ豊か。
(左)近くで見ると、正確な手仕事に驚く。

63

AREA : 黄平／ホァンピン

USE : 覚え布

覚え布と呼ばれる、刺繍のデザインや技法を刺しとめた教本。まるでスケッチブックのよう。

64

AREA : 黔東南／チェンドンナン

USE : 針と糸入れ

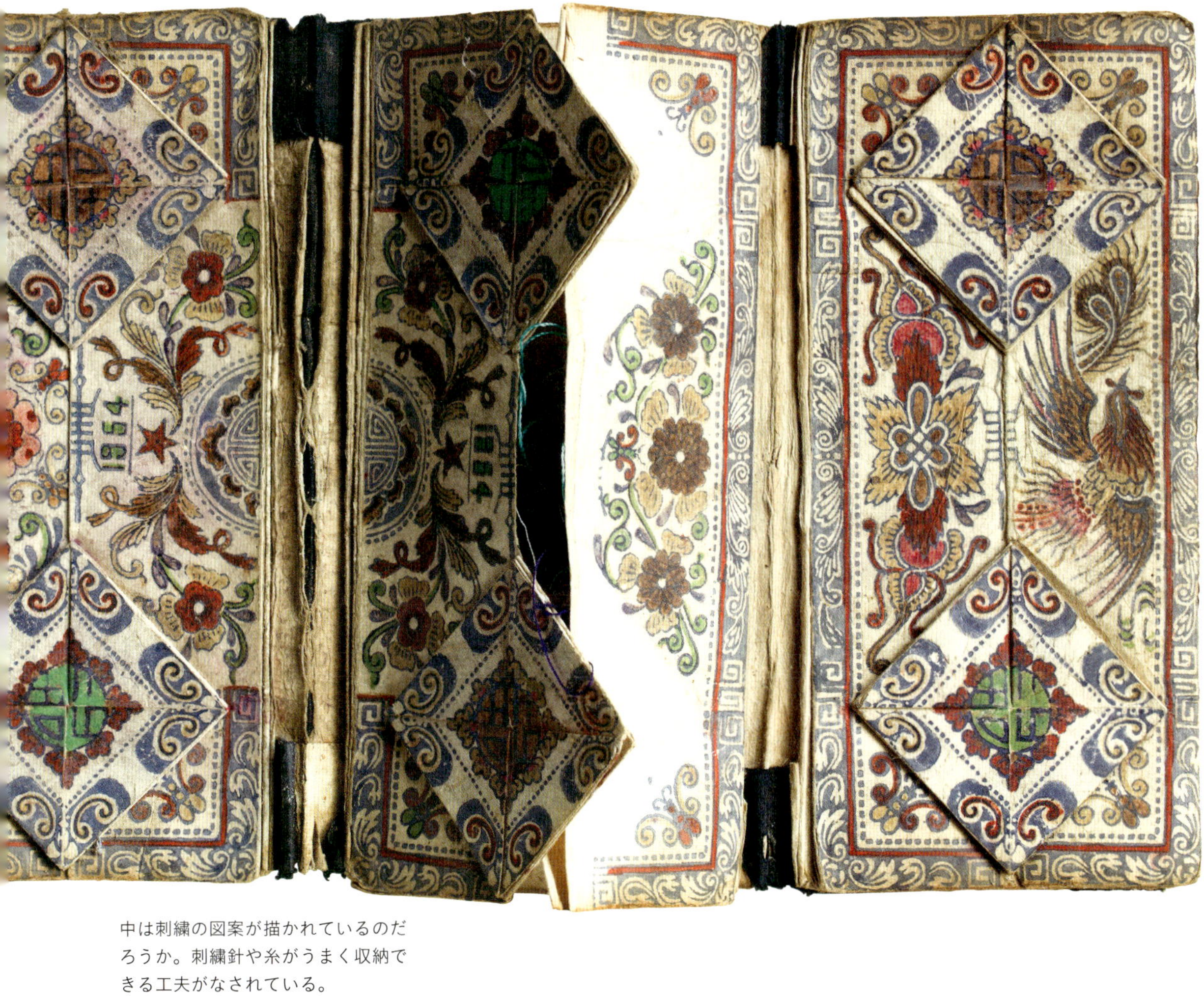

中は刺繍の図案が描かれているのだろうか。刺繍針や糸がうまく収納できる工夫がなされている。

ミャオ族とは

（文責：編集部）

苗（ミャオ）族は、中国貴州省に約半数、そのほか湖北省西部・湖南省南部・四川省南部・雲南省東南部・広東省リー族ミャオ族自治州などに暮らしています。使用言語はミャオ語です。ミャオ族には、大きく分けて3つの集団があり（以下の図を参照）、それぞれ方言・文化がやや異なります。中国国内ではミャオズー（苗族、Miaozu）と呼ばれています。

◉ミャオ族とモン族

ベトナムやラオス、タイへ旅行すると、モン族のカラフルな衣装やバッグに出会う方も多いかもしれません。モン族は、もともとミャオ族と同じ系統の民族で、戦乱などさまざまな理由で移住を繰り返しアジアの山岳地方へたどりつきました。ベトナム戦争では、山での戦いに強いことから、アメリカに特殊ゲリラ部隊として利用され、北ベトナム軍やラオス軍と戦いました。多くの犠牲が出ましたが、アメリカが敗れると見捨てられ、故郷を追われたモン族は、難民となり国外へ流出しました。アメリカやオーストラリアにわたったモン族もたくさんいます。

流浪の民となったモン族は、伝統的な麻や綿の素材ではないものの、手に入る安価な素材を使って、ずば抜けた刺繍・織・染めの技術と個性的なデザインセンスを再び発揮し、タペストリーや衣装・雑貨を作り始めています。モン族の布は世界中から注目され、ブランドとして商業的な成功をおさめました。いっぽう、この本でとりあげた貴州省の刺繍は、売り物ではなく、自分や家族のために作られたもので、時代も少し前のものです。土産物や民芸品として輸出されているモン族の布もかなり手の込んだものですが、比べてみるとかなり違いのあることがわかります。

ミャオ族の装い

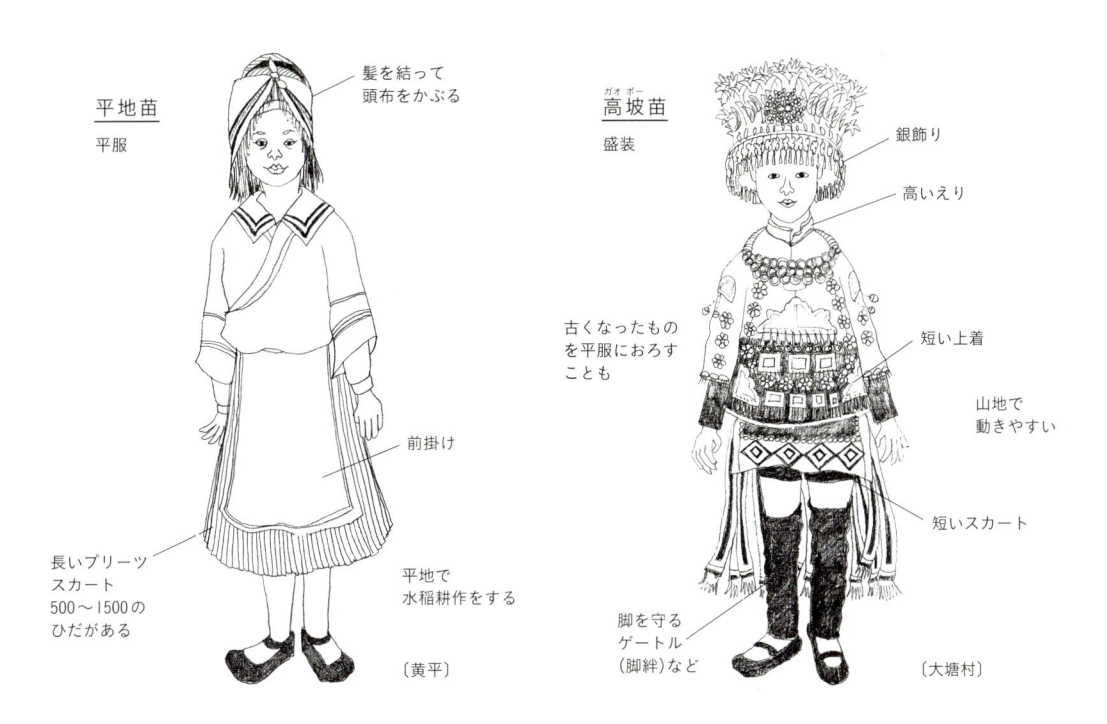

◉輪の飾りをなくしたとき

首輪・指輪・腕輪・耳輪など、あらゆる装飾品の輪は、魂を結び留めるためのもので、「なくしたら鬼が来る」と言われ、大切にしています。もしもなくした場合は、鬼に連れ去られた魂を招魂する儀礼で、元に戻さなくてはなりません。貴州省黔東南のミャオ族には、鬼師(シャーマン)が子どもの魂をさがす「鬼さがし」の儀式があります。それは、このような手順で行われます。「まず鬼師がアヒル一羽、鯉三匹、卵(ニワトリかアヒル)一個を供え、唱え言をする。ついでアヒルの毛で小さな蜘蛛をすくいとって酒壺の中に入れる。蜘蛛は子の魂の代理なので、これで子の魂は戻ったことになる」(萩原秀三郎『稲と鳥と太陽の道』より)。

◉素材のうつりかわり

以前は、多くのミャオ族の村で麻を栽培していました。麻の栽培禁止によって麻文化がすたれるまでは、麻は民族にとって非常に大切な素材だったのです。麻を植えるのはトウモロコシの収穫がおわる初夏。盛夏に収穫、農作業の合間に糸を紡ぎ、冬の農閑期に織・染め・プリーツ加工・刺繍・縫製をします。麻の栽培から仕立てまでは、すべて女性の仕事です。長い時間をかけて新しく仕立てた衣装で、苗年(ミャオ族の正月)を祝うのです。しかし、今は既製品の綿の布地が多く使われるようになっています。

◉ミャオ族の髪型

ミャオ族の髪型は、暮らしている地域によって、実にさまざまです。

長角ミャオ族
〔梭嘎村〕
大きな半月型のくしに、髪や毛糸をぐるぐると巻きつけてしばる。
後ろ姿
花飾り。
くし(角)を見せるタイプも。
小花ミャオ族は色もカラフル。
お祝いや祭りのとき用の結い方。
〔古董〕
〔剣河県巫溜村〕
男性・女性ともに個性的。
独特な剃り方をした上からハチマキ。
〔巴沙村〕
〔両汪郷〕
布の巻き方いろいろ。
ネコのよう。
帽子のようにかぶる。
〔貴陽市周辺〕
〔広西融水ミャオ族〕
〔三穂県寨頭村〕
〔団坡村〕

髷もユニーク。
くしなどをさす。
〔桃江村〕
〔革東〕
大花ミャオ族
〔雲南省大関県緑南村〕
大きな
リボンのよう。
〔麻鸟村〕
お祭りでは
バッチリきめる。
お祭りの
銀飾り。
〔青曼村〕
〔排莫村〕
〔黄平〕
年配の女性は
若い人に比べて
質素。
後ろ姿
⿰亻革家の未婚の
女の子。
大きな頭飾り。
雲南省のミャオ族

歌と恋愛結婚

ミャオ族は文字を持たないため、さまざまなことがらを歌にして伝えてきました。歌の内容はとても豊富で、神話・伝説・歴史はもちろんのこと、農作業や刺繍などの時に歌う生産労働歌、離婚歌、裁判の歌、といった具合になんでも歌になっています。昔から歌い継いできたものもあれば、即興で自分の心情を歌にし、別の誰かがうまく答えて歌うという、歌合戦の様相を示したりもするのです。男女の恋愛には、機転を利かせた即興歌のやりとりが大きな役割を占めていました。昔から結婚相手は選ぶのは本人の自由だったので、恋の歌もたくさん残されています。男女の歌のやりとり（対歌）を、ミャオ族は「遊方」と呼んでいます。祭りの日には、遊方が夜通し行われます。

祭り

祭りの数は大変多く、日にちはその年の干支にもとづいて、村々で決めます。農事の暦と合わせて祭りを行うので、祭りが具体的に何日に行われるのか、村の外の人にはなかなかわかりません。そして、大きな祭礼は、闘牛、競馬、親戚まわりを含めて、数日間、ときには10日以上にも及びます。祖先を祀る祭りが多いのですが、若い男女の出会いの場でもあります。女性たちは、会場に着いてから衣装を身につけることもよくあります。山道で糸をひっかけたり、汚したりしないようにするためです。女性は、銀の冠をかぶり、さまざまな輪飾りを身につけ、自作の衣装を着て踊ります。祭りでは、刺繍の上手な人がもてはやされ、男性たちから賛美の歌が捧げられます。晴れ着はとくに手がかかるので、1枚の晴れ着をつくるのに3、4年を費やしていたそうです。

芦笙舞は、新年やおめでたい祝いでの踊り。男性が芦笙（竹でできた管楽器で、雅楽の笙と似ている）を吹き、女性が踊ります。男性は芦笙をうまく演奏できなくてはなりません。美しい音色で彼女たちの気を引くことができるように腕を磨きました。

◉苗年（正月）

穀物の収穫が終わったあとで行われるお祝いです。あわせて新しい年の豊作を願います。ふだんは質素な生活ですが、正月だけは、飼っていた豚をつぶして、思う存分に肉を食べ、お酒を飲みます。

◉姉妹飯（ジィメイファン）

別名「三月三（サンユエサン）」、女性の節句ともいわれるお祭り。ある村に嫁いだ姉が久しぶりに帰ってきて、家族みんなで食事をしたが、楽しい再会にもやがて別れのときが来て、妹がもち米飯を贈ったという物語からきているといいます。ほかにもいろんな伝承がありますが、この日は、赤青黄色に彩られたもち米をみんなで食べるという風習は共通のようです。

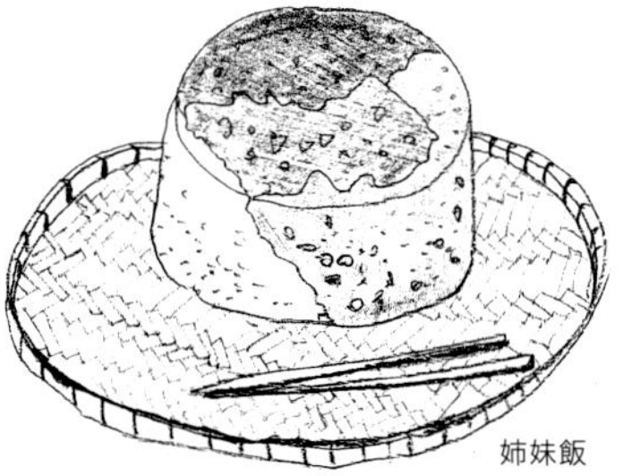
姉妹飯

◉端午節

田植えの終わる時期に、端午節の祭りがあります。龍舟節とも呼ぶ、この祭りの由来は諸説ありますが、貴州省施洞では、悪い龍と戦って殺した男性を記念するために龍舟節を行うようになったといわれています。カササギが巣を作った木は縁起がよいので龍舟用に選ばれ、真ん中をくりぬかれて舟になります。舟の先頭には水牛の角の形をした「龍頭」をつけて、太鼓を打つ鼓頭が乗り、その後ろにオールを持った村人が立ったまま何人も乗り込んで漕ぎます。レースに勝利した舟は村に豊作・安寧・健康をもたらします。また、端午節にはちまきを作り、死者の霊にお供えするという祖霊行事もあります。

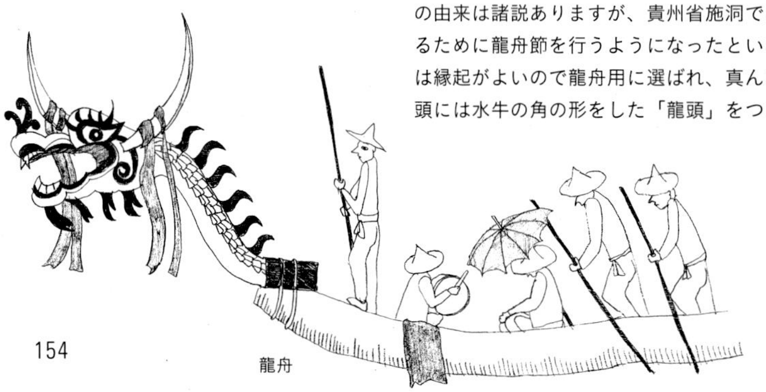
龍舟

◉爬坡節(パーポージエ)

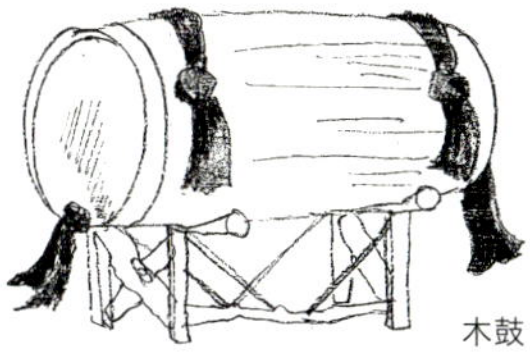

木鼓

山に登って、峰々で男女が歌を歌い合うお祭り。３日間にわたって行なわれます。初日は自己紹介歌からはじまり、相手がどんな人なのかを問うような歌、そして気に入った人ができたら思いのたけをぶつける歌を歌います。

◉吃新節(チーシンジエ)

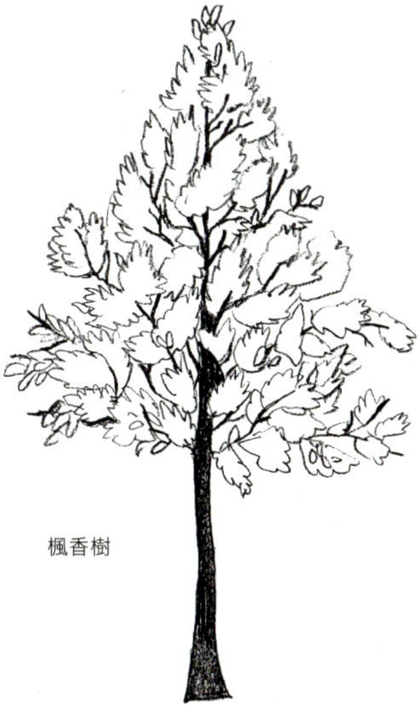

楓香樹

夏(６月から８月上旬ごろ)に行われる祭りで、日本でいう新嘗祭のこと。稲の初穂をとってきて祖先を祀る棚に供えます。その後、初穂をご飯と一緒に炊いたり、ご飯にのせたりして、お供えしたのちに家族みなで口にします。

◉鼓蔵節(グーツァンジエ)

別名鼓社祭、ミャオ語でノンニウ。13年に１度、３年にわたって行われます。蝴蝶媽媽(フーディエマーマ、p.29参照)が生まれた楓香樹から作った木鼓を、新しいものと交換する儀式です。村はずれの洞窟などに安置してある木鼓を、みなで迎えに行きます。祖先の魂は、この鼓に鎮まるといわれ、これを祀る祭りなのです。ふつうの祭りで打ち鳴らすのは銅鼓を使い、木鼓はめったなことでは鳴らしません。

ミャオ族のルール

ミャオ族の伝統的な慣習に、「三つの罪で罰す」があります。盗みやケンカ、強盗、失火・放火など、村で決めたルールを破った人は、100斤(約500キロ)の肉、100斤の米、100斤の酒を納めて、それを集落の全員で飲み食いすることで、許されるというものです。このとき、外にたくさんの料理が並べられ、まるで宴会のようになります。村によってこの罰は少し異なりますが、裕福ではないミャオ族にとって、かなり厳しい処罰です。「悪人は財産を使い果たすまで罰することで、みんなで許す」とミャオの人々は考えています。

呪術と鬼師

医療水準の低かった僻地では、病気の原因の多くは、だれかのかけた呪い(放蠱)のせいであると信じられてきました。村でよくないことが起こった時も同様です。このため、むやみに「あの人が放蠱した」という噂話をすることは重い罪になります。また、重い病気にかかったとき、悪いことが重なったとき、鬼に魂を連れ去られてしまったとして、苗老師(シャーマン、一部の地域では鬼師)に祈祷をしてもらうこともあります。

長い歴史の中で洗練されていった芸術性の高い刺繍以外にも、ミャオ族には興味深い風習がたくさんあります。しかし、ここ数十年間で、彼らの生活は大きく変わろうとしています。本書でその一端が垣間見えるミャオ族の文化は、失われているものもあるのです。

おわりに

この本では、苗族刺繍博物館のコレクションから、地域的特徴がわかるもの、そして丹念な仕事ぶりがうかがわれるものを選びました。本を通じて、お読みいただいたみなさんの心の中にミャオ族の魂の輝きを灯せたら幸いです。

最後に、ミャオ刺繍を20年に渡り蒐集してきた者として、記録に残しておきたいという夢を形にして下さった大福書林の瀧亮子さん、カメラマンの西岡潔さん、そして、本来外国人には教えてはならないの、と前置きをしながらもミャオに伝わる神話や伝説をひとつひとつ教えてくれた、馮天秀。北京の自宅で苗刺繍技法を丁寧に指導してくれた恩師の張宏花、公私に渡り付き合ってきた小劉、数え上げればきりがないミャオの友人達にこの場を借りて心から感謝します。

苗族刺繍博物館　館長　佐藤瑞代

佐藤雅彦

苗族刺繍博物館　http://miao-japan.com

木書におさめたコレクションは、佐藤雅彦・瑞代が1996年から20年にわたり蒐集したものです。これらは、愛知県常滑市にある苗族刺繍博物館で、完全予約制にて実際にご覧いただくことができます。

私設の博物館ですので、ご来場の前にホームページをご確認いただき、ご連絡・ご予約の上、お越しください。

参考文献

村松一弥編訳『苗族民話集—中国の口承文芸２』（平凡社、1974）
星野紘著「中国貴州省苗族侗族地区紀行 —芦笙舞、対歌ほか—」
（日本青年館公益事業部編『民俗芸能』、民俗芸能刊行委員会、1984）
萩原秀三郎著『稲を伝えた民族 苗族と江南の民族文化』（雄山閣、1987）
萩原秀三郎著『稲と鳥と太陽の道 日本文化の原点を追う』（大修館書店、1996）
中国人民美術出版社編『色彩夢幻 貴州省苗族の刺繍』（京都書院、1997）
鳥丸貞恵著『中国貴州苗族 染織探訪 13年 布の風に誘われて』（西日本新聞社、1999）
谷口裕久著「ミャオ族」（『月刊しにか』55、大修館書店、2000）
安井清子著『空の民の子どもたち 難民キャンプで出会ったラオスのモン族』（社会評論社、2001）
鳥丸貞恵著『中国貴州苗族 染織探訪 15年 時を織り込む人々』（西日本新聞社、2001）
鳥丸貞恵・鳥丸知子著『中国貴州苗族 染織探訪 18年 布に踊る人の手』（西日本新聞社、2004）
西村幸次郎編著『中国少数民族の自治と慣習法』（成文堂、2007）
宮脇千絵「かたちをまとう生者、素材をまとう死者 中国雲南省におけるモン（ミャオ）族の麻文化」
（『南方文化』、天理南方文化研究会、2011）
『写真集 歌とともに生きる 中国・貴州省苗族の村』田中一夫（岩波書店、2011）
鈴木正崇『ミャオ族の歴史と文化の動態 中国南部山地民の想像力の変容』（風響社、2012）

民族文化宮編著『中国苗族服飾』（民族出版社、1985）
吴仕忠ほか編著『中国苗族服飾図志』（貴州人民出版社）、2000）

ミャオ族の刺繍とデザイン

2016年3月17日　第1刷発行

2022年3月1日　第3刷発行

著　者　　苗族刺繍博物館　佐藤瑞代・佐藤雅彦

デザイン　葉田いづみ

写　真　　西岡　潔（コレクション）

　　　　　佐藤雅彦（現地スナップ）

イラスト　平松　麻

発　行　　瀧　亮子

発行元　　大福書林

〒178-0063　東京都練馬区東大泉7-15-30-112

TEL. 03-3925-7053　FAX. 03-4283-7570

info@daifukushorin.com

印刷・製本　株式会社東京印書館

ISBN 978-4-908465-01-7

大福書林の本

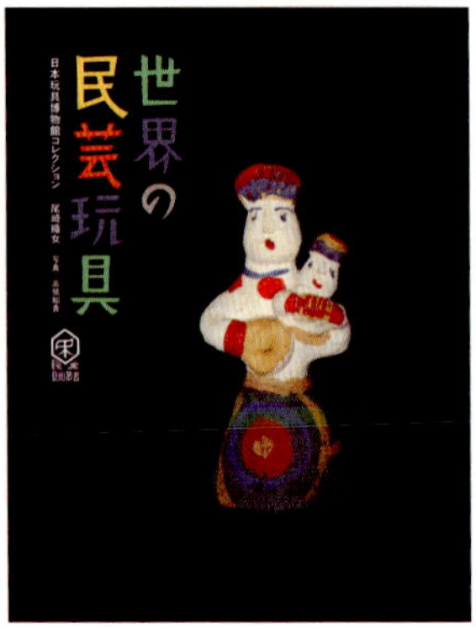

『世界の民芸玩具
日本玩具博物館コレクション』

尾崎織女・著　高見知香・写真

**時代に取り残され、
消滅しようとしている民衆芸術に
いま、光を当てる。**

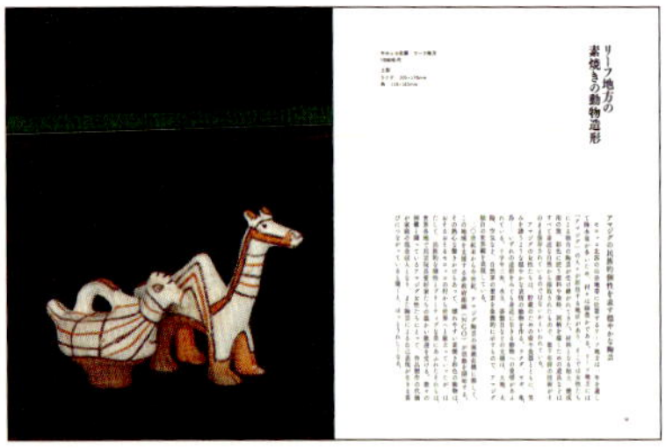

1963年、私鉄鉄道員だった井上重義氏は1冊の本との出合いをきっかけに、手作りの玩具という子どもに関わる文化遺産が世界的に失われていく状況を知り、仕事のかたわら全国の郷土玩具の収集を始めた。1974年に、自らのコレクション公開のため、兵庫県姫路市郊外の小さな町に日本玩具博物館を設立、館はいくつもの大型コレクションの寄贈を受けて、我が国を代表する玩具博物館へと発展を遂げている。2016年にはミシュラン2つ星に選ばれた。

本書は、同館の90,000点を超える「世界の民芸玩具コレクション」から、味わい深い玩具や人形、また宗教的な装飾物などを選び、鮮やかな写真と解説によってそれらの魅力を伝えようと試みている。また、民芸玩具を数多く有する5つの国を取り上げ、それぞれの歴史と現場を紹介するほか、10のテーマで民芸玩具の普遍性と産地の個性を探っている。著者は日本玩具博物館の学芸員、尾崎織女氏。2021年に日本人形玩具学会から第4回学会賞の「奨励賞」を受賞した。企画・デザインを担当した軸原ヨウスケ氏による工芸品のような造本も魅力。

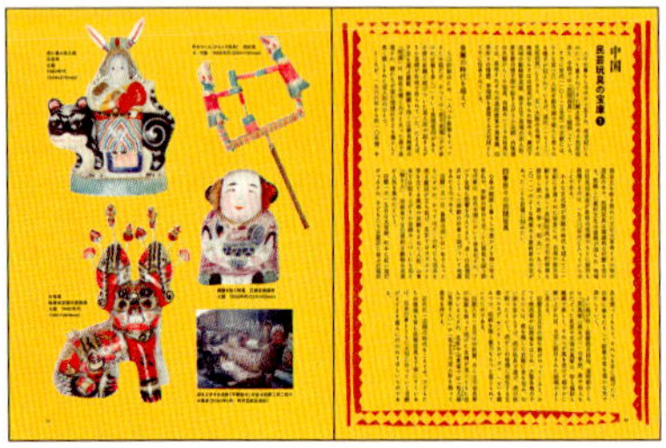

160 ページ／ B5判ハードカバー／オールカラー本体 3000 円+税　ISBN 978-4-978-908465-14-7

続編
『中国民芸玩具』
ISBN 978-4-908465-17-8
は、2022年夏頃発売予定。